Inventions et Astuces de Recettes

CARNET DE RECETTES

Lydia MONTIGNY

Carnet de Recettes

Mentions légales

© 2022 Lydia MONTIGNY

Édition : BoD-Books on Demand
12-14 rond-point des Champs-Élysées, 75008 Paris
Impression: BoD Books on Demand, Norderstedt, Allemagne

ISBN : 978-2-3223-7504-2
Dépôt légal : Février 2022

Ce Carnet appartient à :

....

Thème : ....

Difficulté :   *Facile   Moyen   Difficile*

Préparation : .... H ....mn

Cuisson :   .... H .... mn

Pour ..... personnes

INGREDIENTS :

....	....
....	....
....	....
....	....
....	....
....	....
....	....
....	....
....	....
....	....

Note :

RECETTE :

....

ASTUCE :

....

....

Thème : ....

Difficulté :   *Facile*   *Moyen*   *Difficile*

Préparation : .... H ....mn

Cuisson :   .... H .... mn

Pour ..... personnes

INGREDIENTS :

....	....
....	....
....	....
....	....
....	....
....	....
....	....
....	....
....	....
....	....

Note :

RECETTE :
....
....
....
....
....
....
....
....
....
....
....
....
....
....
....
....
....
....
....
....

ASTUCE :
....
....
....
....
....
....
....

....

Thème : ....

Difficulté :   *Facile*   *Moyen*   *Difficile*

Préparation : .... H ....mn

Cuisson :   .... H .... mn

Pour ..... personnes

INGREDIENTS :

....	....
....	....
....	....
....	....
....	....
....	....
....	....
....	....
....	....
....	....

Note :

RECETTE :
....

ASTUCE :
....

....

Thème : ....

Difficulté :   *Facile*   *Moyen*   *Difficile*

Préparation : .... H ....mn

Cuisson :   .... H .... mn

Pour ….. personnes

INGREDIENTS :

....	....
....	....
....	....
....	....
....	....
....	....
....	....
....	....
....	....
....	....

Note :

RECETTE :

....
....
....
....
....
....
....
....
....
....
....
....
....
....
....
....
....
....

ASTUCE :

....
....
....
....
....
....
....

....

Thème : ………………………………………………

Difficulté :   *Facile*   *Moyen*   *Difficile*

Préparation : ………… H ………mn

Cuisson :   ……………. H ……… mn

Pour ….. personnes

INGREDIENTS :

………………………………	………………………………
………………………………	………………………………
………………………………	………………………………
………………………………	………………………………
………………………………	………………………………
………………………………	………………………………
………………………………	………………………………
………………………………	………………………………
………………………………	………………………………
………………………………	………………………………

Note :

RECETTE :

....
....
....
....
....
....
....
....
....
....
....
....
....
....
....
....
....
....

ASTUCE :

....
....
....
....
....
....
....

....

Thème : ....

Difficulté :   *Facile*   *Moyen*   *Difficile*

Préparation : .... H ....mn

Cuisson :   .... H .... mn

Pour ….. personnes

INGREDIENTS :

....	....
....	....
....	....
....	....
....	....
....	....
....	....
....	....
....	....
....	....

Note :

RECETTE :
....
....
....
....
....
....
....
....
....
....
....
....
....
....
....
....
....
....
....

ASTUCE :
....
....
....
....
....
....
....

....

Thème : ....

Difficulté :   *Facile   Moyen   Difficile*

Préparation : .... H ....mn

Cuisson :   .... H .... mn

Pour ..... personnes

INGREDIENTS :

....	....
....	....
....	....
....	....
....	....
....	....
....	....
....	....
....	....
....	....

Note :

RECETTE :

....

ASTUCE :

....

....

Thème : ....

Difficulté :   *Facile*   *Moyen*   *Difficile*

Préparation : .... H ....mn

Cuisson :   .... H .... mn

Pour ..... personnes

INGREDIENTS :

....	....
....	....
....	....
....	....
....	....
....	....
....	....
....	....
....	....
....	....

Note :

RECETTE :
....
....
....
....
....
....
....
....
....
....
....
....
....
....
....
....
....
....
....

ASTUCE :
....
....
....
....
....
....
....

....

Thème : ....

Difficulté :   *Facile   Moyen   Difficile*

Préparation : .... H ....mn

Cuisson :   .... H .... mn

Pour .....   personnes

INGREDIENTS :

....	....
....	....
....	....
....	....
....	....
....	....
....	....
....	....
....	....
....	....

Note :

RECETTE :
....
....
....
....
....
....
....
....
....
....
....
....
....
....
....
....
....
....

ASTUCE :
....
....
....
....
....
....
....

....

Thème : ....

Difficulté :   *Facile   Moyen   Difficile*

Préparation : .... H ....mn

Cuisson :   .... H .... mn

Pour ..... personnes

INGREDIENTS :

....	....
....	....
....	....
....	....
....	....
....	....
....	....
....	....
....	....
....	....

Note :

RECETTE :

....
....
....
....
....
....
....
....
....
....
....
....
....
....
....
....
....
....

ASTUCE :

....
....
....
....
....
....
....

....

Thème : ....

Difficulté :   *Facile   Moyen   Difficile*

Préparation : .... H ....mn

Cuisson :   .... H .... mn

Pour ..... personnes

INGREDIENTS :

....	....
....	....
....	....
....	....
....	....
....	....
....	....
....	....
....	....
....	....

Note :

RECETTE :
....
....
....
....
....
....
....
....
....
....
....
....
....
....
....
....
....
....
....

ASTUCE :
....
....
....
....
....
....
....

....

Thème : ....

Difficulté :   *Facile*   *Moyen*   *Difficile*

Préparation : .... H ....mn

Cuisson :   .... H .... mn

Pour ..... personnes

INGREDIENTS :

....	....
....	....
....	....
....	....
....	....
....	....
....	....
....	....
....	....
....	....

Note :   ☆ ☆ ☆ ☆ ☆

RECETTE :

....
....
....
....
....
....
....
....
....
....
....
....
....
....
....
....
....
....
....

ASTUCE :

....
....
....
....
....
....
....

....

Thème : ....

Difficulté :   *Facile   Moyen   Difficile*

Préparation : .... H ....mn

Cuisson :   .... H .... mn

Pour ..... personnes

INGREDIENTS :

....	....
....	....
....	....
....	....
....	....
....	....
....	....
....	....
....	....
....	....

Note :

RECETTE :
....
....
....
....
....
....
....
....
....
....
....
....
....
....
....
....
....
....
....
....

ASTUCE :
....
....
....
....
....
....
....

....

Thème : ....

Difficulté :   *Facile*   *Moyen*   *Difficile*

Préparation : .... H ....mn

Cuisson :   .... H .... mn

Pour ..... personnes

INGREDIENTS :

....	....
....	....
....	....
....	....
....	....
....	....
....	....
....	....
....	....
....	....

Note

RECETTE :

....
....
....
....
....
....
....
....
....
....
....
....
....
....
....
....
....
....
....

ASTUCE :

....
....
....
....
....
....
....

....

Thème : ....

Difficulté :   *Facile   Moyen   Difficile*

Préparation : .... H ....mn

Cuisson :   .... H .... mn

Pour   ..... personnes

INGREDIENTS :

....	....
....	....
....	....
....	....
....	....
....	....
....	....
....	....
....	....
....	....

Note :   ☆ ☆ ☆ ☆ ☆

RECETTE :

....
....
....
....
....
....
....
....
....
....
....
....
....
....
....
....
....
....
....

ASTUCE :

....
....
....
....
....
....
....

....

Thème : ....

Difficulté :   *Facile   Moyen   Difficile*

Préparation : .... H ....mn

Cuisson :   .... H .... mn

Pour   ..... personnes

INGREDIENTS :

....	....
....	....
....	....
....	....
....	....
....	....
....	....
....	....
....	....
....	....

Note :

RECETTE :

....
....
....
....
....
....
....
....
....
....
....
....
....
....
....
....
....
....
....

ASTUCE :

....
....
....
....
....
....
....

....

Thème : ....

Difficulté :   *Facile*   *Moyen*   *Difficile*

Préparation : .... H ....mn

Cuisson :   .... H .... mn

Pour ….. personnes

INGREDIENTS :

....	....
....	....
....	....
....	....
....	....
....	....
....	....
....	....
....	....
....	....

Note :

RECETTE :

....
....
....
....
....
....
....
....
....
....
....
....
....
....
....
....
....
....
....

ASTUCE :

....
....
....
....
....
....
....

....

Thème : ....

Difficulté :   *Facile   Moyen   Difficile*

Préparation : .... H ....mn

Cuisson :   .... H .... mn

Pour ..... personnes

INGREDIENTS :

....	....
....	....
....	....
....	....
....	....
....	....
....	....
....	....
....	....
....	....

Note :

RECETTE :

....
....
....
....
....
....
....
....
....
....
....
....
....
....
....
....
....
....

ASTUCE :

....
....
....
....
....
....
....

....

Thème : ....

Difficulté :   *Facile*   *Moyen*   *Difficile*

Préparation : .... H ....mn

Cuisson :   .... H .... mn

Pour ..... personnes

INGREDIENTS :

....	....
....	....
....	....
....	....
....	....
....	....
....	....
....	....
....	....
....	....

Note :

RECETTE :

....

ASTUCE :

....

....

Thème : ....

Difficulté :   *Facile*   *Moyen*   *Difficile*

Préparation : ………… H ………mn

Cuisson :   ……………. H ……… mn

Pour ….. personnes

INGREDIENTS :

………………………..	………………………
……………………….	………………………
……………………….	………………………
……………………….	………………………
……………………….	………………………
……………………….	………………………
……………………….	………………………
……………………….	………………………
……………………….	………………………
……………………….	………………………

Note :

RECETTE :

....
....
....
....
....
....
....
....
....
....
....
....
....
....
....
....
....
....

ASTUCE :

....
....
....
....
....
....
....

....

Thème : ....

Difficulté :   *Facile*   *Moyen*   *Difficile*

Préparation : .... H ....mn

Cuisson :   .... H .... mn

Pour ..... personnes

INGREDIENTS :

....	....
....	....
....	....
....	....
....	....
....	....
....	....
....	....
....	....
....	....

Note :

RECETTE :
....
....
....
....
....
....
....
....
....
....
....
....
....
....
....
....
....
....
....

ASTUCE :
....
....
....
....
....
....
....

....

Thème : ....

Difficulté :   *Facile   Moyen   Difficile*

Préparation : .... H ....mn

Cuisson :   .... H .... mn

Pour ..... personnes

INGREDIENTS :

....	....
....	....
....	....
....	....
....	....
....	....
....	....
....	....
....	....
....	....

Note :

RECETTE :

....
....
....
....
....
....
....
....
....
....
....
....
....
....
....
....
....
....
....

ASTUCE :

....
....
....
....
....
....
....

: ....

Thème : ....

Difficulté :   *Facile*   *Moyen*   *Difficile*

Préparation : .... H ....mn

Cuisson :   .... H .... mn

Pour ..... personnes

INGREDIENTS :

....	....
....	....
....	....
....	....
....	....
....	....
....	....
....	....
....	....
....	....

Note :

RECETTE :
....
....
....
....
....
....
....
....
....
....
....
....
....
....
....
....
....
....

ASTUCE :
....
....
....
....
....
....
....

....

Thème : ....

Difficulté :   *Facile   Moyen   Difficile*

Préparation : .... H ....mn

Cuisson :   .... H .... mn

Pour ….. personnes

INGREDIENTS :

....	....
....	....
....	....
....	....
....	....
....	....
....	....
....	....
....	....
....	....

Note :   ☆ ☆ ☆ ☆ ☆

RECETTE :

....
....
....
....
....
....
....
....
....
....
....
....
....
....
....
....
....
....
....
....

ASTUCE :

....
....
....
....
....
....
....

....

Thème : ....

Difficulté :   *Facile   Moyen   Difficile*

Préparation : .... H ....mn

Cuisson :   .... H .... mn

Pour ..... personnes

INGREDIENTS :

....	....
....	....
....	....
....	....
....	....
....	....
....	....
....	....
....	....
....	....

Note :

RECETTE :

....

ASTUCE :

....

....

Thème : ....

Difficulté :   *Facile*   *Moyen*   *Difficile*

Préparation : .... H ....mn

Cuisson :   .... H .... mn

Pour ..... personnes

INGREDIENTS :

....	....
....	....
....	....
....	....
....	....
....	....
....	....
....	....
....	....
....	....

Note :   ☆ ☆ ☆ ☆ ☆

RECETTE :

....
....
....
....
....
....
....
....
....
....
....
....
....
....
....
....
....
....
....

ASTUCE :

....
....
....
....
....
....
....

....

Thème : ....

Difficulté :   *Facile*   *Moyen*   *Difficile*

Préparation : .... H ....mn

Cuisson :   .... H .... mn

Pour ..... personnes

INGREDIENTS :

....	....
....	....
....	....
....	....
....	....
....	....
....	....
....	....
....	....
....	....

Note :   ☆ ☆ ☆ ☆ ☆

RECETTE :

....
....
....
....
....
....
....
....
....
....
....
....
....
....
....
....
....
....
....

ASTUCE :

....
....
....
....
....
....
....

....

Thème : ....

Difficulté :   *Facile   Moyen   Difficile*

Préparation : .... H ....mn

Cuisson :   .... H .... mn

Pour ..... personnes

INGREDIENTS :

....	....
....	....
....	....
....	....
....	....
....	....
....	....
....	....
....	....
....	....

Note :

RECETTE :

....

ASTUCE :

....

....

Thème : ....

Difficulté :   *Facile*   *Moyen*   *Difficile*

Préparation : .... H ....mn

Cuisson :   .... H .... mn

Pour   ..... personnes

INGREDIENTS :

....	....
....	....
....	....
....	....
....	....
....	....
....	....
....	....
....	....
....	....

Note :

RECETTE :
....
....
....
....
....
....
....
....
....
....
....
....
....
....
....
....
....
....
....

ASTUCE :
....
....
....
....
....
....
....

....

Thème : ....

Difficulté :   *Facile   Moyen   Difficile*

Préparation : .... H ....mn

Cuisson :   .... H .... mn

Pour ..... personnes

INGREDIENTS :

....	....
....	....
....	....
....	....
....	....
....	....
....	....
....	....
....	....
....	....

Note :   ☆ ☆ ☆ ☆ ☆

RECETTE :

....
....
....
....
....
....
....
....
....
....
....
....
....
....
....
....
....
....
....
....

ASTUCE :

....
....
....
....
....
....
....

....

Thème : ....

Difficulté :   *Facile*   *Moyen*   *Difficile*

Préparation : .... H ....mn

Cuisson :   .... H .... mn

Pour ..... personnes

INGREDIENTS :

....	....
....	....
....	....
....	....
....	....
....	....
....	....
....	....
....	....
....	....

Note :   ☆ ☆ ☆ ☆ ☆

RECETTE :

....
....
....
....
....
....
....
....
....
....
....
....
....
....
....
....
....
....
....

ASTUCE :

....
....
....
....
....
....
....

....

Thème : ....

Difficulté :   *Facile*   *Moyen*   *Difficile*

Préparation : .... H ....mn

Cuisson :   .... H .... mn

Pour ..... personnes

INGREDIENTS :

....	....
....	....
....	....
....	....
....	....
....	....
....	....
....	....
....	....
....	....

Note :

RECETTE :

....

ASTUCE :

....

....

Thème : ……………………………………………………

Difficulté :   *Facile   Moyen   Difficile*

Préparation : ………… H ……….mn

Cuisson :   ……………. H ……… mn

Pour ….. personnes

INGREDIENTS :

………………………………	………………………………
………………………………	………………………………
………………………………	………………………………
………………………………	………………………………
………………………………	………………………………
………………………………	………………………………
………………………………	………………………………
………………………………	………………………………
………………………………	………………………………
………………………………	………………………………

Note :   ☆ ☆ ☆ ☆ ☆

RECETTE :

....
....
....
....
....
....
....
....
....
....
....
....
....
....
....
....
....
....
....

ASTUCE :

....
....
....
....
....
....
....

....

Thème : ....

Difficulté :   *Facile*   *Moyen*   *Difficile*

Préparation : .... H ....mn

Cuisson :   .... H .... mn

Pour ..... personnes

INGREDIENTS :

....	....
....	....
....	....
....	....
....	....
....	....
....	....
....	....
....	....
....	....

Note :

RECETTE :
....
....
....
....
....
....
....
....
....
....
....
....
....
....
....
....
....
....
....

ASTUCE :
....
....
....
....
....
....
....

....

Thème : ....

Difficulté :   *Facile   Moyen   Difficile*

Préparation : .... H ....mn

Cuisson :   .... H .... mn

Pour ..... personnes

INGREDIENTS :

....	....
....	....
....	....
....	....
....	....
....	....
....	....
....	....
....	....
....	....

Note :   ☆ ☆ ☆ ☆ ☆

RECETTE :
....
....
....
....
....
....
....
....
....
....
....
....
....
....
....
....
....
....

ASTUCE :
....
....
....
....
....
....
....

....

Thème : ……………………………………………………

Difficulté :   *Facile   Moyen   Difficile*

Préparation : ………… H ……….mn

Cuisson :   ……………. H ………. mn

Pour …..   personnes

INGREDIENTS :

……………………………	…………………………
……………………………	…………………………
……………………………	…………………………
……………………………	…………………………
……………………………	…………………………
……………………………	…………………………
……………………………	…………………………
……………………………	…………………………
……………………………	…………………………
……………………………	…………………………

Note :

RECETTE :

ASTUCE :

....

Thème : ....

Difficulté :   *Facile*   *Moyen*   *Difficile*

Préparation : .... H ....mn

Cuisson :   .... H .... mn

Pour ..... personnes

INGREDIENTS :

....	....
....	....
....	....
....	....
....	....
....	....
....	....
....	....
....	....
....	....

Note :

RECETTE :

....
....
....
....
....
....
....
....
....
....
....
....
....
....
....
....
....
....
....

ASTUCE :

....
....
....
....
....
....
....

....

Thème : ....

Difficulté :   *Facile*   *Moyen*   *Difficile*

Préparation : .... H ....mn

Cuisson :   .... H .... mn

Pour ..... personnes

INGREDIENTS :

....	....
....	....
....	....
....	....
....	....
....	....
....	....
....	....
....	....
....	....

Note :

RECETTE :

....
....
....
....
....
....
....
....
....
....
....
....
....
....
....
....
....
....

ASTUCE :

....
....
....
....
....
....
....

....

Thème : ....

Difficulté :   *Facile*   *Moyen*   *Difficile*

Préparation : .... H ....mn

Cuisson :   .... H .... mn

Pour ..... personnes

INGREDIENTS :

....	....
....	....
....	....
....	....
....	....
....	....
....	....
....	....
....	....
....	....

Note :   ☆ ☆ ☆ ☆ ☆

RECETTE :
....
....
....
....
....
....
....
....
....
....
....
....
....
....
....
....
....
....
....

ASTUCE :
....
....
....
....
....
....
....

....

Thème : ....

Difficulté :   *Facile   Moyen   Difficile*

Préparation : .... H ....mn

Cuisson :   .... H .... mn

Pour ..... personnes

INGREDIENTS :

....
....
....
....
....
....
....
....
....
....

Note :

RECETTE :
....
....
....
....
....
....
....
....
....
....
....
....
....
....
....
....
....
....
....

ASTUCE :
....
....
....
....
....
....
....

Dans la Collection des Petits Carnets :

- * **Carnet Magique (VIII 2021)**
- * **Carnet de Lectures (VIII 2021)**
- * **Carnet du 7ème Art (VIII 2021)**
- * **Carnet de Rêves (X 2021)**
- * **Carnet de Balades (XI 2021)**